DESTROZA ESTE DIARIO

~~CREAR ES DESTRUIR~~

AHORA A TODO COLOR

KERI SMITH

PAIDÓS

Obra editada en colaboración con Editorial Planeta - España

Título original: Wreck This Journal. Now in Color
Publicado originalmente en inglés por Penguin Books, un sello editorial de
Penguin Publishing Group, una división de Penguin Random House LLC.

Arte y diseño: Keri Smith
Adaptación de diseño de portada: Planeta Arte y Diseño

Primera edición impresa en España: septiembre de 2017
ISBN: 978-84-493-3373-6

Primera edición impresa en México: junio de 2018
Vigésima primera reimpresión en México: marzo de 2023
ISBN: 978-607-747-532-3

Impreso en los talleres de Litográfica Ingramex, S.A. de C.V.
Centeno núm. 162-1, colonia Granjas Esmeralda, Ciudad de México
Impreso en México - Printed in Mexico

ADVERTENCIA: DURANTE EL PROCESO DE CREACIÓN, TE ENSUCIARÁS. ES POSIBLE QUE ACABES MANCHADO DE PINTURA Y OTRAS SUSTANCIAS, TE MOJARÁS, PUEDE QUE TE PREGUNTES POR QUÉ TE PIDO QUE HAGAS CIERTAS COSAS, Y QUE RECUERDES CON PENA EL PERFECTO ESTADO EN EL QUE ENCONTRASTE ESTE DIARIO. A LO MEJOR EMPIEZAS A VER DESTRUCCIÓN CREATIVA POR TODAS PARTES Y A VIVIR DE MANERA MÁS DESPREOCUPADA.

NOTA AL LECTOR:

AQUELLOS QUE YA HAN HECHO DESTROZOS ENCONTRARÁN ALGUNOS RETOS QUE CONOCEN, OTROS QUE QUIZÁ LES SUENEN UN POCO Y OTROS TOTALMENTE NUEVOS. SU MISIÓN CONSISTE EN PRESTAR ATENCIÓN AL COLOR. ¿CÓMO INFLUYE EN SUS EXPERIENCIAS DESTROZADORAS EL HECHO DE PENSAR EN COLOR?

INTRODUCCIÓN

ES POSIBLE QUE TE ESTÉS PREGUNTANDO: ¿POR QUÉ HABRÁN INCLUIDO UNA INTRODUCCIÓN EN UN LIBRO PENSADO PARA SER DESTROZADO?

NO QUIERES LEER NADA EN TU <u>DESTROZA ESTE DIARIO</u>; LO QUE QUIERES ES PONERTE MANOS A LA OBRA Y EMPEZAR A DESTROZAR. POR ESO ESTÁS AQUÍ, ¿NO?

"NO ME ENTRETENGAS CON TU BLA BLA BLA. HE VENIDO A PONERME MANOS A LA OBRA".

SÍ, CLARO, PERO YO ESTOY AQUÍ PORQUE APENAS HEMOS HABLADO. Y QUIERO DECIRTE ALGUNAS COSAS. COSAS QUE NECESITO COMPARTIR CONTIGO. COSAS IMPORTANTES QUE DEBO COMPARTIR SOLO CONTIGO PORQUE TE ATAÑEN DIRECTAMENTE. DICHO DE OTRO MODO, ESTA INTRODUCCIÓN ERA INEVITABLE.

SI ESTÁS LEYENDO ESTO, SIGNIFICA QUE SE TRATA DE UN MENSAJE ESPECIAL SOLO PARA TI, NO PARA CUALQUIERA. TODOS LOS LIBROS SON ASÍ; LLEGAN A TI EN EL MOMENTO EXACTO EN QUE LOS NECESITAS, Y CASI SIEMPRE CUANDO MENOS LO ESPERAS. ¿CREES EN EL DESTINO? ¿Y QUÉ ME DICES DE LA CASUALIDAD LITERARIA, DE ESOS LIBROS QUE LLEGAN A TUS MANOS EN EL PRECISO MOMENTO EN QUE LOS NECESITAS? A LO MEJOR ESTE LIBRO ES UNO DE ELLOS. EN CUALQUIER CASO, SERÉ BREVE PARA QUE PUEDAS EMPEZAR CON LO BUENO.

PUNTO IMPORTANTE N° 1

HAN PASADO ALGUNOS AÑOS DESDE LA PUBLICACIÓN DE <u>DESTROZA ESTE DIARIO</u>. EN ESTE TIEMPO HAN OCURRIDO MUCHAS COSAS. TODAS LAS SEMANAS

RECIBO CARTAS DE PERSONAS QUE ME EXPLICAN HISTORIAS ASOMBROSAS SOBRE CÓMO ESTE LIBRO LES HA CAMBIADO LA VIDA. AL PRINCIPIO NO ME ESPERABA ESA REACCIÓN. OJALÁ PUDIESE DECIR LO CONTRARIO, PERO ES LA VERDAD. ESTE DIARIO SE HA CONVERTIDO EN ALGO MUY IMPORTANTE PARA MUCHAS PERSONAS QUE ATRAVIESAN MOMENTOS EXTREMADAMENTE DIFÍCILES. PUEDE QUE TAMBIÉN PARA PERSONAS QUE SIMPLEMENTE SE LIMITAN A VIVIR. PODRÍA ESCRIBIR LARGO Y TENDIDO SOBRE TODO LO QUE HA OCURRIDO CON ESTE LIBRO, PERO PUEDES COMPROBARLO CON TUS PROPIOS OJOS (BUSCA "DESTROZA ESTE DIARIO" O "WRECK THIS JOURNAL" EN GOOGLE). UNA IMAGEN VALE MÁS QUE MIL PALABRAS.

PUNTO IMPORTANTE Nº 2

ESTO DE DESTROZAR ES MUCHO MÁS IMPORTANTE DE LO QUE CREES. SI TE DEJAS LLEVAR, SIGNIFICARÁ MUCHO MÁS QUE SOLO DESTROZAR PÁGINAS DE UN LIBRO. ESTE LIBRO ES UN RESPIRO, UN REFUGIO, UN LUGAR SEGURO, UNA FUERZA DE LA NATURALEZA, UN RETO, UNA VOZ, UNA LIBERACIÓN, UNA VÁLVULA DE ESCAPE, UNA PRÁCTICA SOCIAL, UN AMIGO, UNA EXPERIENCIA FÍSICA, UN DESAFÍO, UN SECRETO, UNA HERRAMIENTA, UNA TERAPIA, UNA EXPLOSIÓN.

CONFÍA EN MÍ. PUEDE CAMBIARTE LA VIDA. TIENE ALGO CASI MÍSTICO, Y ENTENDERÁS A QUÉ ME REFIERO NADA MÁS EMPEZAR.

PUNTO IMPORTANTE N.º 3

¿SABES QUÉ PÁGINA DE DESTROZA ESTE DIARIO ES LA QUE MÁS ASUSTA A LA GENTE? A LO MEJOR A TI TAMBIÉN TE PASA. ES LA QUE INDICA "DESTROZA EL LOMO". A LA GENTE LE CUESTA MUCHÍSIMO. PERO ES PRECISAMENTE LA PÁGINA QUE MÁS TE ASUSTE LA QUE TIENES QUE CONQUISTAR EN PRIMER LUGAR PARA DEJAR ATRÁS TEMORES O TENDENCIAS PERFECCIONISTAS. DE VERDAD. BUSCA LA PÁGINA QUE MÁS TE ASUSTA.

PUNTO IMPORTANTE N.º 4

¿POR QUÉ A TODO COLOR? LA RESPUESTA, SINCERAMENTE, ES QUE ME DA MIEDO EL COLOR. YA ESTÁ. YA LO HE DICHO. CREO QUE ME OCURRE DESDE HACE MUCHO TIEMPO. TODO MI TRABAJO CONSISTE EN ENFRENTARME A AQUELLO QUE ME HACE SENTIR INCÓMODA, PORQUE SIEMPRE NOS HAN ENSEÑADO A HACER LO CONTRARIO, A EVITAR LO INCÓMODO. Y LO CIERTO ES QUE LOS LUGARES QUE EVITAMOS SON AQUELLOS A LOS QUE DEBEMOS IR. ASÍ QUE ALLÁ VAMOS.

¿CÓMO SE TRABAJA CON EL COLOR, ESPECIALMENTE SI TE DA MIEDO? SIMPLEMENTE TE LANZAS, TE DEJAS LLEVAR Y JUEGAS CON ÉL.

NO TE OBSESIONES CON EL RESULTADO.

NO TRATES DE HACER ALGO BONITO. LO BONITO ES UN POCO ABURRIDO. UTILIZA LA CASUALIDAD. CONECTA CON ESA PARTE DE TI QUE ES UN NERVIO, UN DESASTRE ÚNICO E IRREPETIBLE. DEJA QUE ESA PARTE DE TI SE APODERE DEL LIBRO. ESTÁS AQUÍ. EXISTES. DEJA HUELLA. ¡QUE SE *&^%!

¿LISTOS? ADELANTE.

INSTRUCCIONES

1. Lleva este DIARIO contigo a todas partes.

2. Sigue las instrucciones de cada página.

3. No importa el orden.

4. Las instrucciones están abiertas a la interpretación personal.

5. Experimenta.
   (Haz lo contrario de lo que te dicte la razón).

6. UTILIZA LAS PÁGINAS EN COLOR AL FINAL DEL LIBRO PARA COMPLETAR ALGUNOS DE LOS RETOS. CÓRTALAS EN TROCITOS.

materiales

ideas
chicle
pegamento
suciedad
saliva
agua
agentes atmosféricos
basura
vida vegetal
lápiz/bolígrafo
aguja e hilo
sellos
calcomanías
cosas pegajosas
palos
té/café
emociones
miedos
zapatos
cerillos
biología
tijeras
cinta adhesiva
tiempo
hechos fortuitos

olores
manos
cuerda
pelota
imprevisibilidad
espontaneidad
fotos
periódicos
cosas blancas
utensilios de oficina
cera
objetos encontrados
engrapadora
comida
cucharas
peine
alambre plastificado
tinta
pintura
hierba
detergente
grasa
lágrimas
lápices de colores
decisión
cosas afiladas

ESCRIBE TÚ MISMO LOS NÚMEROS DE PÁGINA.

EMPIEZA AQUÍ

DESTROZA EL LOMO.

PINTA ESTA PÁGINA DE

ROJO

A PROPÓSITO.

VIERTE, DERRAMA, *gotea*
ESCUPE, *lanza* BEBIDAS
DE DIFERENTES COLORES

AQUÍ.

AGUJEREA ESTA PÁGINA CON UN LÁPIZ.

TRAZA LÍNEAS GRUESAS Y FINAS.

APRIETA MUCHO CON EL LÁPIZ.

ESTA PÁGINA ES PARA QUE DEJES LA

HUELLA

DE TUS MANOS O DE TUS DEDOS.

ENSÚCIATELAS Y DESPUÉS PRESIONA

SOBRE EL PAPEL.

COLOREA TODA ESTA PÁGINA.

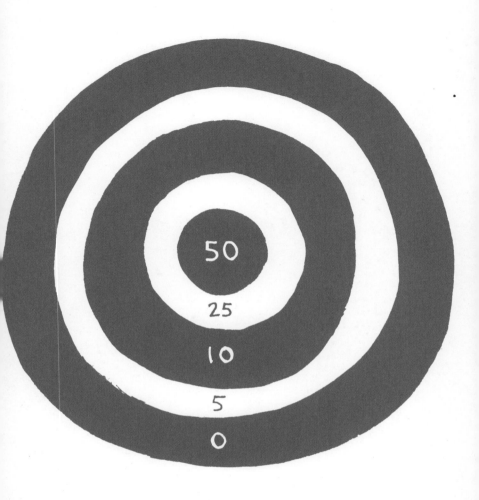

50

25

10

5

0

LANZA ALGO.

UN LÁPIZ, UNA PELOTA IMPREGNADA
DE PINTURA.

PRENSA HOJAS DE ÁRBOLES Y OTRAS COSAS
QUE ENCUENTRES ENTRE ESTAS PÁGINAS.

FROTA VARIAS VECES
CON UN LÁPIZ.

GARABATEA SIN CONTROL,
VIOLENTAMENTE, sin
ORDEN NI CONCIERTO.

RASGA UNAS TIRAS DE COLORES.

(INTENTA "TEJERLAS" A CUADROS).

PEGA, engrapa, O sujeta con cinta adhesiva estas dos PÁGINAS.

RELLENA ESTA PÁGINA CON CÍRCULOS DE COLOR. (TANTOS COMO PUEDAS).

Colorea con tu comida.

FROTA, EMBADURNA, SALPICA CON TU COMIDA.

UTILIZA ESTA PÁGINA COMO SERVILLETA.

MUERDE esto.

↓

*CUIDADO: NO TE LO TRAGUES.

MEZCLA TANTOS
COLORES QUE
AL FINAL
PAREZCAN
BARRO.

(ARRANCAR)

ARRUGAR.

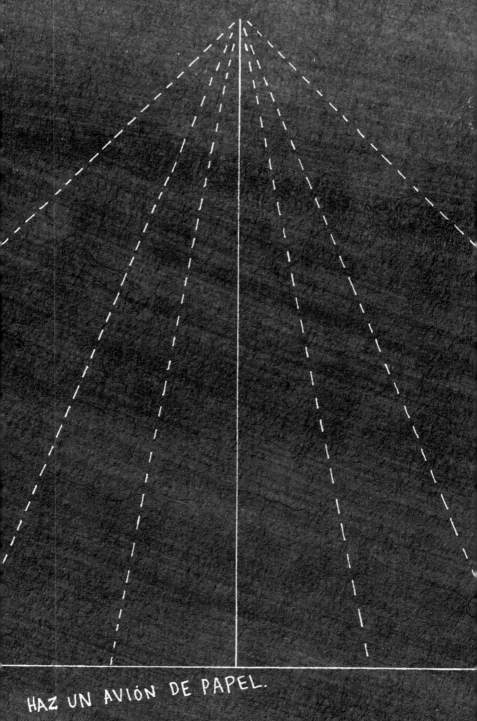

HAZ UN AVIÓN DE PAPEL.

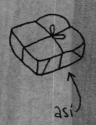

así

ENVUELVE algo
CON ESTA PÁGINA.

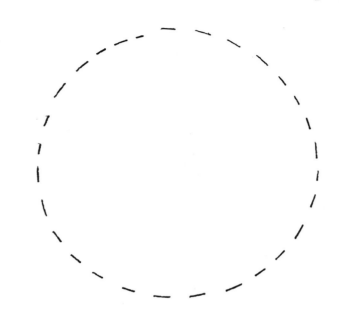

PINTURA CON LA LENGUA

1. CÓMETE UN CARAMELO DE ALGÚN COLOR FUERTE.

2. LAME ESTA PÁGINA.

ESCRIBE ALGUNOS
PENSAMIENTOS.
TÁPALOS CON
EL COLOR
QUE PREFIERAS.

(ATA) UNA CUERDA AL *lomo* DE ESTE LIBRO.

BALANCÉALO SIN MIRAMIENTOS.

QUE LLEGUE A GOLPEAR LAS PAREDES.

TOMA EL DIARIO SIN UTILIZAR LAS MANOS.

SÚBETE
A ALGÚN
SITIO
ELEVADO.

DEJA CAER
EL DIARIO.

observa cómo se deteriora,

HAZ UN DIBUJO

(UTILIZA MATERIAL FEO:
MUERTAS, UN PÁJARO
VÓMITO, BASURA).

muy, muy feo

CHICLE, CACA, COSAS
MUY MAL DIBUJADO, MOHO,

PON COSAS PEGAJOSAS AQUÍ.

(miel, CHICLE, jarabe. pegamento, paleta, algodón de azúcar)

HAZ GARABATOS
EN LA PARTE
TRASERA DE ESTE
SOBRE IMAGINARIO
MIENTRAS HABLAS
POR TELÉFONO.

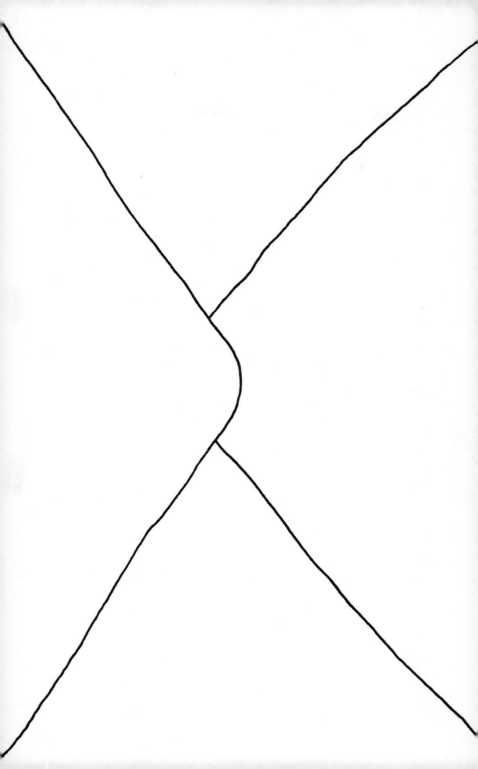

DIARIO DE GOLF

1. ARRANCA ESTA PÁGINA. CONVIÉRTELA EN UNA BOLA.

2. COLOCA EL DIARIO ABIERTO BOCA ABAJO.

3. GOLPEA / CHUTA LA PELOTA PARA QUE PASE POR DEBAJO DEL DIARIO.

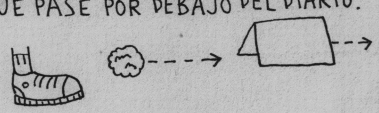

haz una cadena de papel.

HAZ UNA
COLECCIÓN DE
CALCOMANÍAS
DE LA FRUTA.*

*LAS CALCOMANÍAS QUE LLEVA
LA FRUTA QUE COMPRAMOS.

CUBRE ESTA PÁGINA

CON MATERIAL DE OfICINA.

LLÉVATE ESTE DIARIO A LA REGADERA.

FROTA ESTA PÁGINA CON SUCIEDAD.

ESTA ES UNA

página de prueba

PARA TODOS LOS COLORES
QUE LLEGUEN A TUS MANOS.

VIERTE ALGO AQUÍ.

(TINTA, PINTURA, TÉ)

CIERRA EL LIBRO PARA QUE QUEDE ESTAMPADO.

cose esta página

(con hilo o cuerda de algún color vivo).

pega AQuí
UNA PÁGINA
AL AZAR DE
UN PERIÓDICO.
COLORÉALA.

ESPACIO PARA TUS LISTAS DE LA COMPRA.

RECORTA PAPELES EN TROZOS DIMINUTOS Y PÉGALOS AQUÍ.

DELINEA LAS COSAS QUE LLEVAS EN LA BOLSA (O EN LOS BOLSILLOS).

DEJA QUE LAS LÍNEAS SE SUPERPONGAN.

PON AQUÍ LOS COLORES QUE TE GUSTAN.

garabatea con fuerza utilizando solo plumas prestadas.

(anota de dónde las has sacado).

corta tiras de papel,
sumérgelas en pintura
de diferentes colores
y pégalas aquí.

Página de buenos pensamientos.

ESTAMPA ESTAS PÁGINAS CON LO QUE TENGAS A MANO. SUMERGE COSAS EN PINTURA, UTILIZA UN SELLO.

PÍDELE A UN AMIGO QUE HAGA ALGO DESTRUCTIVO EN ESTA PÁGINA. NO MIRES.

DEJA QUE LOS COLORES SE EXTIENDAN.

PEGA AQUÍ LO QUE QUIERAS.

(por ejemplo, cosas que encuentres en el sofá, en la calle, etc.).

arranca esta página.

GUÁRDALA EN UN BOLSILLO.

METE LA PRENDA EN LA LAVADORA.

PÉGALA DE NUEVO CUANDO SE SEQUE.

Impregna esta página
de algún aroma
que te guste.

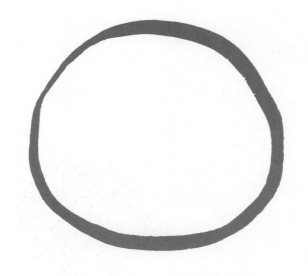

COLOREA
SALIÉNDOTE
DEL CÍRCULO.

CIERRA LOS OJOS.

INTENTA UNIR LOS
PUNTOS DE MEMORIA.

LÍMPIATE BIEN

PEGA AQUÍ LA PELUSA QUE SAQUES

↙ ↓ ↓ ↘

LOS BOLSILLOS.

1 = AZUL
2 = ROJO
3 = NEGRO
4 = AMARILLO

LANZA UN DADO PARA DECIDIR DE QUÉ COLOR SERÁ ESTA PÁGINA.

SALPICA ESTA PÁGINA*

* COMO JACKSON POLLOCK

HAZ UNA MUESTRA DE LAS
DIFERENTES SUSTANCIAS
QUE ENCUENTRES EN TU CASA.
ANOTA QUÉ ES CADA COSA.
AGRÚPALAS POR COLORES.

dibuja con TIJERAS.

RECORTA DE LAS PÁGINAS DEL FINAL
DEL LIBRO Y PEGA AQUÍ LOS TROZOS
DE COLORES.

HAZ UN DIBUJO CON UN PELO TUYO (O VARIOS).

¡RESISTENCIA!

DIBUJA CON UNA CRAYOLA
Y DESPUÉS PINTA ENCIMA.

DIBUJA LÍNEAS CON

SEAN PARA ESCRIBIR IMPREGNADOS

(PALOS, CUCHARAS, ALAMBRES

BOLSAS, PEINES, ETC.) CADA VEZ QUE

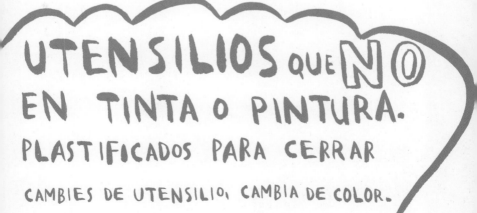

UTENSILIOS QUE NO
EN TINTA O PINTURA.
PLASTIFICADOS PARA CERRAR
CAMBIES DE UTENSILIO, CAMBIA DE COLOR.

¡APORREA
ESTA
PÁGINA!
(DESPUÉS DE
SUMERGIR EL
PUÑO EN ALGO).

CREA UNA EXPLOSIÓN DE COLOR.*

1. RASGA PAPEL DE COLOR.
2. CUBRE LA PÁGINA CON PEGAMENTO.
3. DEJA CAER EL PAPEL SOBRE LA PÁGINA.

* COMO RAUSCHENBERG

BUSCA UNA MANERA DE DESGASTAR EL DIARIO.

esta página es un cartel.

¿Qué quieres que diga?

DIBUJA UNA LÍNEA CONTINUA.

ESPACIO PARA COMENTARIOS NEGATIVOS. *

*¿QUÉ DICE EL CRÍTICO QUE LLEVAS DENTRO?)

HAZ BORRONES
DE COLORES.
FRÓTALOS CON
LOS DEDOS.
AÑADE AGUA.

PÁGINA para PALABRAS DE CUATRO LETRAS.

RECORTA COLORES
DE UNA REVISTA.*
PÉGALOS AQUÍ.

*HAZLO SIN PENSAR DEMASIADO.

escribe sujetando la pluma con la boca.

CORTA TIRAS DE PAPEL. TÉJELAS.

DOCUMENTA EL PASO DEL TIEMPO.

HAZ LO QUE SEA, ¡SOLO CON COLORES QUE ODIAS!

ESCONDE UN MENSAJE SECRETO EN CUALQUIER PARTE DE ESTE DIARIO.

DUERME CON EL DIARIO.

(Describe aquí la experiencia).

CIERRA EL DIARIO.

ESCRIBE / GARABATEA ALGO EN LOS BORDES.

TABLERO DE MANCHAS

BUSCA LA MANERA DE [UN IR] ESTAS DOS PÁGINAS.

¡SALPICA!

(SÍ, ¡TÚ PUEDES!)

X HAZ UNA
COLECCIÓN
DE BICHOS
MUERTOS
AQUÍ.

PON A FLOTAR ESTA PÁGINA.

ESCONDE ESTA PÁGINA
EN EL JARDÍN
DE TU VECINO.

LANZA EL DIARIO MONTAÑA ABAJO.

CONVIERTE EL DIARIO EN UN ZAPATO

DESLIZA EL DIARIO
(CON ESTA PÁGINA BOCA ABAJO),
POR UN PASILLO LARGO.

LANZA ALGÚN LÍQUIDO AQUÍ.

(INTENTA HACERLO CON LA BOCA).

CUBRE ESTA PÁGINA CON CINTA ADHESIVA

(SIGUE ALGÚN TIPO DE PATRÓN).

1. DOBLA ESTA PÁGINA VARIAS VECES.
2. HAZ CORTES CON UNAS TIJERAS.
3. DESDÓBLALA.

AÑADE UN NUEVO COLOR A ESTA PÁGINA CADA DÍA DURANTE UN MES.

HAZ CORTES*

*COMO LUCIO FONTANA

COLOREA ESTAS FORMAS.*

*SI TE QUEDAN DEMASIADO BONITAS, DESTRÚYELAS.

REDACTA UNA LISTA CON MÁS IDEAS PARA DESTROZAR ESTE DIARIO UTILIZANDO EL COLOR COMO HERRAMIENTA. HAZLAS AHORA.

1.

2.

3.

4.

5.

6.

7.

8.

9.

10.

11.

AGRADECIMIENTOS

ESTE LIBRO SE CREÓ CON LA AYUDA DE LAS SIGUIENTES PERSONAS: MI MARIDO, JEFFERSON PITCHER, QUE ME PROPORCIONA UNA INSPIRACIÓN CONSTANTE PARA VIVIR UNA VIDA PLENA Y AUDAZ (ALGUNAS DE SUS IDEAS ESTÁN AQUÍ). GRACIAS A LOS GRANDES ARTISTAS STEVE LAMBERT Y CYNTHIA YARDLEY. A MI EDITORA EN PENGUIN, MEG LEDER, QUE ACOGIÓ ESTE PROYECTO Y CREYÓ EN ÉL DESDE EL PRINCIPIO. TUS IDEAS Y TU SENSIBILIDAD HAN DESPERTADO EN MÍ UNA PROFUNDA GRATITUD. A MI AGENTE, FAITH HAMLIN, POR SEGUIR CREYENDO EN MI VISIÓN ARTÍSTICA. A REBECCA LANDES POR COMPARTIR SU TALENTO ARTÍSTICO CONMIGO. A CORITA KENT, JOHN CAGE, ROSS MENDES, BRUNO MUNARI, ITALO CALVINO, GEORGES PEREC, Y CHARLES Y RAE EAMES. DEDICADO A LOS PERFECCIONISTAS DE TODO EL MUNDO.

OTROS TÍTULOS DE KERI SMITH